Erimar dos Santos

Poemas e Contos

Erimar dos Santos

Poemas e Contos

Volume III

JustFiction Edition

Imprint

Cover image: www.ingimage.com

Publisher:
JustFiction! Edition
is a trademark of
International Book Market Service Ltd., member of OmniScriptum Publishing Group
17 Meldrum Street, Beau Bassin 71504, Mauritius

Printed at: see last page
ISBN: 978-613-9-42519-8

ONDE ESTÁS AGORA?

Diga-me, onde estás agora?
Por que tenho que esperar tanto?
Abandonou-me, a solidão me devora,
Não consigo segurar o pranto.

Lágrimas quentes de tristeza,
Um whisky barato sobre a mesa,
Eu te chamando de princesa.
A embriaguez é a minha riqueza.

Desconsolado faço proeza,
Doses em Roleta Russa,
A contra vontade me expulsa,
Do óbito etílico, com presteza.

Quero esquecer toda esta dor,
Este estado vil e atordoado,
Quero ficar esperto acordado,
Te esperando o tempo que for.

BELEZA NÃO IMPORTA

Isabela era magrela, não tinha beleza,
Em seu coração só havia incerteza,
Mas Justino da realeza resolveu se casar.

Um alvoroço no reino, beleza sem pureza,
Pura malvadeza, não me assusta a magreza,
Isabela será a princesa a quem vou me entregar.

Um castelo aos olhos é bela edificação,
O engano entra-se por uma porta,
Isabela não tem graça, esta não importa.
Minha Senhora dê-me a bênção.

SEM DESAFORO

Não me venha com desaforo,
O que tenho vale além do ouro,
Não me pague com mau agouro.

Nada pretendo nesta vida,
Se não for bem favorecida,
Não me empurre na descida.

Não pergunte o quanto custa,
Agilize, pegue logo e vá à luta,
Antes que outra entre em disputa.
Agradeça, não fique insatisfeita,
Se não é bom ano de colheita,
Nem sempre a planta é perfeita.

QUEBRANTADO

Oh eu choro! Um choro triste!
Lamentos porque você desiste,
Sinto a falta de estar comigo,
Vivo tal um perdido sem abrigo.

Vem consolar-me depressa,
Antes que tudo se escureça,
Antes que eu me emudeça,
E tudo de bom se desvaneça.

Quero dizer já que te amo,
Quero te abraçar bem forte,
Mais apertado que a morte,
Eu sonho contigo no tálamo.

É um sentimento limpo e puro,
É a certeza de amor surreal,
O meu coração se sente leal,
Meus olhos brilham no escuro.

Já a dor da solidão me devasta,
A minha alma está desesperada,
Há muito tempo chora enlutada,
Por razões desta vida nefasta.

Será que tudo isto te toca?
Carolina sabatina minha fé,
Porque estou caído, em pé,
Ergue-me ao cume da roca.

Purifica-me em holocausto,
Cheiro suave te farei sentir,
Com a essência que irá subir,
E irá fluir deste espírito exausto.

SE ACEITAR ME NAMORAR

Se você aceitar me namorar, com todo louvor o meu melhor te darei.

Sou um homem de palavras certas, não duvides, realizada te farei.

Me apresento com o coração de portas abertas, entre e descanse.

Faça morada eterna, não tenha medo, serei todo o teu romance.

Dê-me da porção do teu desejo, um beijo mais que avassalador.

Te dou aconchego e em ti me apego com todas as forças do amor.

A INVISÍVEL ME DEVORA

Se a que eu não vejo não me vê, a invisível não é você, se a que eu sinto não me toca, o teu cheiro não me provoca, não me alucina. A imagem que me ilumina é miragem, asiática flor, fluidez do fogo, olhares de felinos, tramas do jogo. Aquela que se despe e se reveste de sedução, na ponta da língua o sabor da arguição do corpo, juntando os lábios sorve o derramado gosto, impregnado na pele, rijos seios expostos. Se o que eu toco agora me dá lucidez, se o que eu não sinto suscita avidez, a fera que há em ti, o ópio da flor, o fogo do amor, e as fichas da aposta, além de tudo, o jogo que você gosta; me deixem extasiado, incendiado, perdido e roubado, porque aquela que eu não vejo, mas sinto, e não toco, antes de ti já havia me devorado.

SINTO FALTA DE UMA BELA

Quanta saudade sinto de uma bela,
Dos beijos que ainda não provei dela.
Estou desamparado e desconsolado,
Estar embriagado me tem confortado.

À medida que me embriago,
Sinto exaurir meus pesares,
As minhas angústias e dores,
Ouço o silêncio de um lago.

Recobro os últimos instantes
Da face brilhante da amada,
Dos olhos vivos de emboscada
Numa calada noite de infantes.

Como na guerra que se mata,
Sem ter compaixão do inimigo,
Que o sangue inocente descarta
Como se fosse iminente perigo.

Sem um amparo, quanta solidão,
Tanta falta de um amor sabido,
Que angústia em um corpo sofrido,
Sem a sorte de uma amada paixão.

ATÉ QUANDO

Até quando terei que esperar,
O amor de mim se lembrar,
E em meus braços tomar lugar,
Em meu coração aterrissar.

Até quando terei de chorar,
Pela falta das carícias da Camila,
Que me ignora e me humilha
Se fazendo de impossível de se amar.

Até quando ela vai se sobressair,
E de mim conseguir se eximir
Sem ouvir as minhas lamúrias,
E acreditar nas minhas juras.

Até quando! Me fará sofrer....
Me fará contorcer pela dor.
Suportar o vazio sem favor
Da sua mão para me suster.

DE TODAS AS FORMAS

O amor é feito uma fome,
Que a nossa carne consome,
Igual a um golpe contundente,
Que nocauteia-nos de repente.

O amor não tem hora certa,
Muitas vezes indiscreta.
Desperta o desejo e a paixão,
Às vezes na contramão.

O amor não tem irmão,
Nem parentes, nem entes,
Ele é a solução das mentes
Que se perdem na solidão.

O amor é tal um homem,
Condenado e inocente,
Preso em elos que consomem
Os seus sentidos mortamente.

O amor segue em frente
Soa alto e abrangente,
O amor é a semente
Planta viva e atraente.

O amor surge de várias formas,

Quando forte nos domina,

As nossas forças ficam mornas

E na fraqueza nos ensina.

O METAL SOA RETINENTE

O metal soa retinente e agudo

Um som que invade o universo,

Que vira ao avesso o inverso

Os olhares do surdo-mudo.

As bocas cantam sons orquestrados

Pelas vozes de selvagens criaturas,

O surdo-mudo faz acuradas leituras

Com olhar terno e íntimo esmerados.

São notas de canções mais puras,

Que tocam e faz vibrar a alma,

Tendo o surdo-mudo a calma,

Em teu semblante vê as estruturas.

E entende que sentem essas criaturas

Desde a criação, desejos nobres

Instintivamente em seus corações.

Diferentes dos humanos pobres

De ânimos dobres com suas loucuras.

COMO SER MINHA SENHORA

Minha razão de estar onde estou,
Nada mais é a luta por seu amor
Que eu combato com todo vigor,
Resistindo com a força que restou.

Está aberto em meu coração
Um espaço tão real e imenso
Com um desejo certo e pretenso
Para abrigá-la como uma nação.

Não tenho espanto e nem medo,
Daqui eu não volto sem vencer,
As minhas forças não vou perder,
Até que eu veja a vitória num dedo.

E agora! Você diz que vai embora
E eu insisto para não me deixar,
Te convenço para que queira ficar,
Sobretudo para ser a minha senhora.

O AMOR É

O amor é feito um raio,
Uma descarga cintilante,
O amor não quer amante,
Ele dispensa sem ensaio.

O amor é sede louca,
Corpo em fogo, ávida boca,
É a presa sem saída,
Que ao predador mantém a vida.

Ele é um jugo leve e suave,
Nos aprisiona sem a chave,
Que a seu tempo nos liberte,
É dor constante que lágrimas verte.

O amor é roubador de sono,
Quando em nosso coração,
Não havia nenhum dono,
E ele surge desde então.

O amor não é cega visão,
Nos norteia os caminhos,
Ele suaviza os espinhos,
Que nos ferem o coração.

ENCAREM A LUZ

Faça calar o dia e, a noite grite,
Todas as manifestações escusas,
Tudo o que ronda a alma triste,
Na sombra do medo às escuras.

Escancare os portais, entrem,
Todas as criaturas negras,
Fechem, tranquem, selem
Para que nunca mais saiam íntegras.

Desfiguradas faces por que fogem?
Encarem a luz, a alva do dia,
É nela que se salva do vigia,
Da implacável ira dos leões que rugem.

OLHOS VERDES V

Oh que coisa mais linda!
Quanta graça e formosura!
Oh olhos verdes, me inspira doçura.
Sonho eu em teus braços, noite infinda.

Eu sou, olhos verdes pedras esmeraldas,
Mais contente quando a vejo às vezes,
Mas queria encontrar-te em teses,
E recostar em tuas espáduas.

Sabes por quem eu sou?
Quero tanto dar-te verdadeiro amor,
Puros olhos verdes cristalinos na cor,
Mostra-me o caminho, que nele vou.

Sei quem tu és, mas parece fábula,
Te ver e não poder te tocar e sentir,
É ficção nesta realidade de mácula,
Olhos verdes não posso mentir.

OLHOS VERDES VI

Olhos verdes tão lindos e meigos,
Que brilhos em mim reluzem!
Se fosses livre e quisesses aconchegos
Te daria olhos verdes que me seduzem.

Se me aprovasses em teu estatuto,
Faria tudo para não o infringir,
Seria penitente e muito resoluto,
Me afligiria para o poder resistir.

Mas como olhos verdes viva flor?
Se não atentas para este pobre pensador,
Que na vida seu desejo é dar-te amor,
E a esperança é poder ser seu pastor.

O que te impedes? Descubra-me,
Não sou digno? Não a posso ter?
Olhos verdes digas que ouve-me
E sabes de mim e que a posso merecer.

NO PROFUNDO DAS ÁGUAS

Atirei uma pedra ao mar
E a esperei tornar à superfície,
Esperei talvez por pura ignorância.
Pequena rocha, não flutua, mas esperei.

Porque a comparei aos meus sonhos,
Que a muito desapareceram
Feito imersos no profundo das águas,
Mas vivo ansioso em alcançá-los.

São anseios que há tempos,
Espero com paciência e zelo,
Não desisto em vê-los realizados,
Assim como a pequena rocha
Tornar à superfície, transformada.

A natureza muda de tempos em tempos,
Muitas coisas se transformam,
E os nossos sonhos estão lá tão longe,
Ou às vezes tão ao nosso lado.

Nisto ponderei as águas e ondas do mar,
Estas que suscitam tantas coisas,
Levando e trazendo morte e vida,
Muitas vezes se livrando da sujeira.

Que quando se embravecem,
Devastam e destroem tudo pela frente
E lançam fora ou sugam para o fundo,
Pois tem poder para expelir
Tanto quanto para engolir ao irarem-se.

Mas o que diria? Realizar sonhos
Sob a tempestade de águas
Ou aguardá-las mansas
E nunca os trazerem á tona?

As tempestades são as lutas,
A calmaria é o vício do ócio,
O comodismo farto do dia a dia,
A inerte energia que não se desprende.

Enfrentando a braveza das águas
Aguardando-a devolver minha pedra.
Meus sonhos realizados que voltarão,
Transformados na realidade que almejo.

RAZÃO, A LUZ QUE ALUMIA

Razão alumia o meu coração com fervor
No que será uma nova caminhada,
Rumo a uma nova tentativa dada
Para encontrar um novo amor.

Razão seja lá como tenha que ser,
Mas guarde os meus pés nos trilhos,
Porque ela é linda aos meus olhos,
Mas está além de que os sentidos podem ver.

Razão não deixe que a emoção
Mostre-me de vez uma direção,
Se ao tê-la em meus braços
Eu me perder em seus abraços.

Razão por favor me fortaleça
Caso em sua boca aos beijos
Me deixe levar e me emudeça
Para não prevalecer em mim seus desejos.

Razão sabes que sou um fraco, é fato,
Que me embriaga sempre a paixão,
Dê-me paciência com reflexão
Para que não me entregue de imediato.

Razão, mas se ela for a que eu busco,
Deixe-a, que em tudo me domine,
Que com parcimônia me examine
E descubra a transparência sem ofusco.

PRIMEIRO ENCONTRO

No primeiro encontro me deste
Um simbólico aperto de mão,
Tão gélido o que me ofereceste,
Que esfriaste até o meu coração.

Fitei-a diretamente na face,
Nos olhos uma viva energia,
Que irradiaste sem disfarce
O meu peito com altiva alegria.

Mudando-me a compostura,
Aquecendo-me com ternura
Pela maciez das palavras puras
Que alçaste a voz com branduras.

Atento a observava a falar
Do desejo de encontrar um amor,
Do jeito que queria o amar
E ser amada com todo valor.

Muito tempo passaste comigo
Sentados nos confidenciando
Eu me imaginando a beijando,
Mas contente com aquele castigo.

Na despedida repetida feita
Estendeste-me a mão direita,
Que mulher tão escorreita!
A reputei rara e quase perfeita.

MARÍLIA

Encontrei-me com um amor
Que me trouxe esperança,
Nele depositei total confiança,
Ignorando a lembrança da dor.

A fidelidade seja o bálsamo
Que alivie o pensar duvidoso,
Encontrou-me o amor honroso,
Mulher de fibra do cânhamo.

Ela tem cabelos negros e longos,
Grossos, macios, e brilhantes,
Olhos negros d'águas dos lagos,
Cor morena índia da tribo Xavantes.

Altura que o meu ombro alcança,
Com um rosto delicado e pueril,
Dentro do peito o coração dança,
Doces lábios, na boca beijo febril.

Já não me sinto feito uma ilha,
Isolado e sem ser descoberto,
A quero por Deus, bem perto.
São teus meus sonhos Marília.

SOLIDÃO

Eu fui alvo da solidão, estive tanto tempo sem ninguém, foi tristeza e aflição em que eu nadei no mar revolto, em que eu me afoguei na ilusão, sofria e chorava, de amargura vivia envolto, sem esperança futura de encontrar um novo amor, que me desse total valor. Solidão dia a dia, vazio imenso que existia, me arrastando para o fundo, transformando o meu mundo num cárcere frio e imundo. Taças, o vinho escoando pelas beiras, vermelho, concentrado, encorpado, o paladar muitas vezes não importava, me embriagava, porque assim me desafogava das loucuras em que eu pensava, tolices, tragédias, tudo que me magoava. O passado remoído mantinha-me caído, não o podia suportar, como me libertar daquela face, vozes, e sombras, o vinho era o meu disfarce. Saudade, medo, e raiva, desejo de perdoar o que não se endireita, ela se tornou imperfeita e rarefeita, me via rastejando, minando as minhas forças, quanta indecisão, mas a sábia solução foi mergulhar-me na solidão.

VAPOR QUE DÁ VIDA

Andei pensando em me evaporar
Num vapor suave tal brisa leve,
No vento breve que sopra ao mar,
Para tocar a alma branca feito neve.

Em teu puro coração repousar,
Acalentar com forte amor e paz,
As tuas macias mãos acariciar,
Na tua pele os pelos arrepiar vivaz.

O teu delicado rosto contornar,
Balançar os teus longos cabelos,
No teu ventre de mãe descansar,
Misturar com teu fôlego em anelos.

Invadir e oxigenar teus suspiros,
Aumentar e expandir o teu respirar,
Manter-te viva e teu alento fortificar,
Soprar-te nas entranhas refrigérios.

SOBRE O POEMA E O POETA

Um poema surge na alma e no coração,
De um choro, de tristezas ou alegrias,
Do sofrimento e de penosas agonias,
Um poeta cria, sente, e vê a dimensão.

Com a natureza viva se encanta,
Tantas belezas criadas por sabedoria,
Suas ideias nascem, nova planta
Contemplando os seres no dia a dia.

Descreve o amor de várias formas,
Aquele que às vezes nos desnorteia,
Um poeta é livre e forte, sangue na veia,
Diante de fatos que fogem às normas.

Um poema é sacro, é mundano,
Romântico, eclético, ou reflexivo,
Traz paz, regozijo, ou é sensitivo,
É tão natural quanto um poeta humano.

FÉ E OTIMISMO

Ela traz marcas, feridas cicatrizadas,
No coração e na alma resquícios.
Um medo de amar, mãos calejadas,
Traumas da vida, pelos princípios.

Teus olhos uma janela iluminada,
Em um corpo resguardado e puro,
Buscando por um amor determinada,
Fugindo anos e anos do obscuro.

Tua crença um alicerce inabalável,
Respirando a essência verídica,
O que não se vê pode ser palpável,
Quando se espera de forma ética.

Quem a impedirá de vivenciá-lo?
Olhos maus energizam ceticismo,
E criam barreiras para contê-lo,
Mas pela fé ela tem o otimismo.

AQUI NADA É O QUE PARECE SER

Nada é o que parece ser o que é,
Nem o que diz ser eu sou assim,
É capaz de ser o que realmente é,
Tudo se confunde e se choca enfim.

Aqui tudo tem erros e falhas,
O homem se perde em palavras,
A criatura que se diz é cinza de palhas.

SEOL

A terra, ah! Esta que não se cansa!
Quantos corpos, quantas matérias!
Que imensa boca, que abrangência,
Nos quatro cantos se alimenta mansa.

Que largo, que medo, insignificância,
Querer estabelecer a vida é pura inobservância.
Sem esforços nos traga gostoso,
Ainda há os que vão em traje garboso.

Quem ignora e não pondera o poder?
Tornar-se-á tão tarde ou tão cedo,
Não basta saúde, é inútil o querer,
Ela não tem pressa, sabe o segredo.

Todos estão sujeitos ao veredito,
A esperarem pela vida redimida,
Crenças sobre a verdade ou mito,
Mas à morte, não nos resta saída.

CADEIAS INVISÍVEIS

O que me prende não tem mãos,
Tampouco artifícios mecânicos,
O que me faz arrastar em chãos.

O que me escraviza sem razão,
Martiriza o meu frágil coração,
São prisões de severa expiação.

É o amor que me agarra sutil,
E a liberdade em amar real,
Que me prende num lugar hostil.

Este sentimento sem contestação,
Incrimina-me e culpado sou leal,
A cumprir uma pena sem conspiração.

Procurado sigo os dias imaginando,
Se a pena é simbólica ou capital,
Se fujo e vivo ou me aprisiono amando.

VERDADEIRA LUZ

Vem e veja, com o coração sinta o amor que irradia a alma feliz, vem ser aprendiz dessa luz que conduz com harmonia, belos sentimentos da expressão de um rosto com a mania de querer com as mãos tocar e acariciar e compartilhar o que sente. Vem ver o céu azul, no esplendor do sol da manhã de verão, vem sentir o calor no coração, deixa entrar essa luz, varrer a tristeza e a angústia, deixa brilhar em teus olhos o amor. Abra largamente os braços, esqueça se o passado foi triste, deixe o ontem, viva o hoje, prepare-se para o amanhã, pois não sabemos nada sobre ele. Valorize os mínimos detalhes do bem e tudo que te leve e traga a paz. Vai ter com o amor e com a bondade, e aprenda o perdão, e não o retenhas em teu coração. Será bênção para os teus dias, acréscimo de anos de vida e saúde para a tua carne. Abra as portas da alma, abra um sorriso, deixe brilhar os olhos, pode até chorar, mas que seja de emoção. Procure alcançar o caminho da razão e da Justiça, da sabedoria e do conhecimento, não te detenhas em buscar, eles te levarão ao verdadeiro e puro amor, e os teus ossos agradecerão, e os teus dias raiarão mais alvos que a branca neve. Alcançarás a liberdade e te irás bem, e não temerás nos dias maus, quando cercarem os inimigos a tua porta. Vem e veja e sinta a verdadeira luz.

AMOR MEU

Amor meu, minha vida sadia,
Minha ajuda, meu esteio forte,
Meu amor tu és minha alegria.

Teus abraços que me acolhem,
Tuas mãos são o meu aporte,
Teus beijos que me consomem.

Amor meu que os olhos brilham,
Que a tua alma se uniu à minha,
E os meus olhos se maravilham.

Amor meu que tanto me quer,
E eu também a quero todinha,
Que eu a considero rara mulher.

Amor meu, amar-te-ei feliz,
Dar-te-ei sem medo a vida,
Farei o melhor que nunca fiz.

Creio não duvidar amor meu,
Que o meu amor a ti não finda,
E que para sempre serei teu.

PRUDÊNCIA

Não te entregues às loucuras,
Considere-as, mas não as siga,
Seja o teu caminhar sem curvas,
Atentes para o que é retidão,
E não retires os teus pés do chão.

Os teus olhos sejam iluminados,
E as tuas carreiras moderadas,
Não insista em ir na contramão,
Procure decisões acertadas.
Não queira de imediato montões,
Granjeie-os de formas dosadas.

Não seja escravo dos prazeres,
Sejam os teus dias sem apertos,
Para que tantos olhos vermelhos,
A boca amarga, e passos tortos?
É mister ter brancos cabelos,
Ao final da jornada sem deveres.

SEM PENSAR, POR QUERER

Foi sem pensar, que nos teus beijos,
As minhas tímidas mãos te tocaram,
E a cintura do teu corpo circundaram,
Nas tuas curvas viajaram em ensejos.

Foi por querer, que as tuas mãos,
Em comunhão com as minhas,
Entrelaçaram nossos corpos sãos,
Em abraços e amassos sozinhas.

Foi no sabor dos teus doces lábios,
Que eu senti os nossos corações
Pulsando muito mais que sábios,
Nos proporcionando puras emoções.

Você me almejando por completo,
Confessando-me todos os teus desejos,
Ouvindo as tuas juras de amor, quieto,
Com sussurros repletos de latejos.

Na ânsia de ser esposa e senhora,
O tempo certo de Deus obedecendo,
Nos olhos a esperança d'aurora
Por um enlace matrimonial nascendo.

A GUERRA

A desilusão que nasce à espera de um coração que não bate, se é a morte que ronda à parte, a boca que espera por um beijo sofrido entre línguas e dentes, movendo a carne no que o coração sente, a cegueira de olhos abertos, o abismo adiante, a catástrofe por perto. Os pés descalços trilhando o caminho, sem sorte, sem rumo, vadio sem prumo, as gargalhadas da hiena, o cheiro de sangue, o abutre sondando, o corvo mal agourando é a morte chegando, no deserto aberto, ferida aberta, por espada ou frecha, sede no cio, boca seca no rio é sequidão de estio. A palavra maldita, no disco gravada já foi fita dada, causou alma penada, parolou língua malvada. O pavio apagado, a luz no eirado, a escuridão! Coitado de olhos vendados, na lâmina afiada, a carne rasgada é vida ceifada. A trincheira à frente, soldado valente, enfrenta o inimigo correndo perigo, o medo, a fúria, o ódio, na guerra se erra, também morre amigo. A causa sem dono, o abandono, se perde o sono, o deus da terra, fomentada a discórdia, a colheita, foices, não trigo é joio, os cortes, as cabeças, o fogo, a queima, a fumaça, e a cinza, sem misericórdia. Um oceano imenso, o trauma intenso, tudo que a mente não esqueça. Matar, matar, matar, matar, ceifar, ceifar, ceifar, vidas, um lamaçal de mangue, todas, várias, o mundo, um mar de sangue.

MINHA MADURA ADOLESCENTE

Eu vejo em teus olhos o brilho e a alegria,
Um sorriso muito além de especial,
O sentimento verdadeiro e profundo diria,
Qualidades de uma mulher sensacional.

As atitudes de uma ingênua menina,
A pureza e a candura de uma donzela,
São tantos os sonhos que examina,
Buscando confirmar uma vida tão bela.

Tu és humilde e deveras singela,
Meu amor, minha vida, consolo, e paz,
A mulher com brilho de uma estrela,
Feito menina desabrochando se faz.

QUE REINE O AMOR

Em meu coração tem amor,
Puro, verdadeiro, sincero, e fiel,
Meu Deus, somente o Senhor,
Me fez provar desse doce mel.

Eu a quero por toda a minha vida,
Agradeço-a por estar em mim,
Por existir e ser minha querida,
Em declarar me amar até o fim.

Cuidarei de ti sem medir esforços,
Com todo o meu ser te darei favor,
O lobo que segue a matilha aonde for,
O alfa que lidera a caçada por corços.

O teu terno amor me transformou
Tornando os meus sonhos capazes,
Me entreguei a ti o todo que sou,
Por nossas almas testemunhas verazes.

Sejam lindos os nossos dias,
Na luta, na labuta, ou na dor,
Suportando-nos com alegrias,
Ou tristezas, que reine o amor.

MÍSEROS CARACTERES

As razões que nos levam a fecharmos os nossos olhos para as injustas justiças, seriam as premissas na descrença no conjunto de valores humanos, dos bons ou maus caracteres a todos os compostos de ideologias morais ou costumes mundanos, valoração do indivíduo como o ser mais importante do universo das criaturas de Deus, sem a implicação do meio reverso. No reino das riquezas para poucos, o que importa é o que materialmente se tem, umas vidas têm preço estipulado, outras de valor nenhum provém. Na selva abundante de desejos ambiciosos pelo poder, as inofensivas aparências, palavras macias que destilam encantos nas mentes que se prendem e se deixam levar, que se escravizam sem pensar e, não conseguem se libertar dessas prisões que matam milhões e mais milhões irão matar, invenções agradáveis, que produzem sensações inefáveis. As vidas miseráveis são a base dessas injustiças, são barradas desde o ventre ou nascidas desprovidas de valores aceitáveis, que as tornam tão notáveis criaturas abomináveis, que enchem as prisões com seus pervertidos corações, miseráveis com poderes, que devastam pobres seres. Nas nações abastadas com suas descobertas desinteressadas, o que se gasta é muito para revelar-se quase nada. Quem dera uma pirâmide invertida, o topo sustentando a base, efeito kamikaze. O Caráter não tem cor, raça, ou sexo, nem classe social, o ser é bom ou mal, abastado ou na desgraça, a miséria é uma fase sem dom, onde a dor não tem tom, mas os gemidos tem som, e a ilusão do mundo disfarça esses seres programados, todos numerados, vivendo bons ou maus bocados, ilhados em seus pecados.

ONDE ALMA SOU

O que hei de te dar eu nestes dias de solidão em que nada tenho recebido, em que tem sido privado de mim carinho, tua presença física, afeto, tuas juras, e o amor que me prometeu? O que hei de esperar eu, quando olho o vazio do espaço e vejo como se fosse dentro de mim. Vazio, úmido, frio e silencioso. Quero rasgar as minhas vestes e prantear um choro que estremeça a minha alma. Varrer para fora todos os sentimentos que me ferem. O que te darei eu? A carência tua que me invade, que me faz cidade inabitada. Um homem sem esperanças é uma locomotiva descarrilhando, quem a colocará de volta aos trilhos? Quero te dar tudo que tenho, muito além das minhas forças, estas que levaste quando foste de mim. O amor, o teu amor era o alimento que me saciava a alma, a tua presença era o calor que me aquecia o peito. Ainda lembro daqueles dias em que eu era vida, ser que andava relutante, mas memórias são esquecidas, e onde alma sou, há apenas recordações.

ESTÁ TUDO TÃO DIFÍCIL SEM VOCÊ

Está tudo tão difícil sem você, meu bem eu me sinto abandonado será que não vê!

Quando irá perceber a falta que você me faz se ainda é capaz de me fazer sofrer?

Apostei tudo em você, esperava ser correspondido, mas me deixou vendido.

Agora eu vejo quanto tempo perdido esperando aquela que estou amando.

Veio me dizer que não dá mais, que eu sofrendo tanto faz, que eu morra em paz.

Mas eu te digo que o mundo dá voltas, não me vire as costas, isto é castigo.

Se me fechar a porta, esperarei lá fora, nela não baterei, sabe onde me achar.

Pois se um dia mudar e entender que errou, este homem que te ama está a esperar sem drama a dona que sonhou.

TE QUERO POR TODA A MINHA VIDA

Dos meus olhos a expressão mais que sincera, do meu íntimo trato a dádiva mais bela para te amar, persevera. Sorrindo demonstro gratidão por te ter ao meu lado, calado me regozijo quando a ouço falar, que me quer mais a cada dia, que é tão forte o que sente, que vai doendo o peito, que não tem mais jeito, que só pode ser amor porque o seu coração não mente. O que eu sou para você, talvez não apenas um homem e, você para mim, muito mais que uma mulher, em nossos desejos que nos consomem quando nos abraçamos e um ao outro se quer. Quantas declarações de amor me tem feito, dizendo-me quão triste é não ter-me por perto, que me amará por certo cada segundo de vida por sobre esta terra e, eu sofro por não estar em teus braços porque o tempo a nós não pertence, e sem a paciência não se vence, se desespera e se erra. É como se houvesse dentro de nós uma guerra entre tantos sentimentos bons, toando alto e em bons tons à espera de ricos momentos. Eu por você tenho cuidados, e te quero por toda a minha vida, para te fazer mulher amada e esposa enaltecida, minha adorável querida.

MAL DE DALILA

Era no mar, dia de sol, uma alegria no sorriso, era belo como estar no paraíso.

Era cor vermelha, genuína flor, amor que rondou e circundou e deixou centelha.

Era o fogo, picada de abelha, foi carne na grelha, mordiscada e provada num jogo.

Era a fêmea, loba no cio, causando arrepio, num intenso calor, calafrio.

Foi paixão de dilacerar o coração, força de Sansão, por Dalila a enganação.

Era o medo, o segredo, tarde ou cedo, a verdade causa a morte em seu enredo.

VIDA ALÉM DA MORTE

Quem quer paz venha e não chore,
Abrace o amor, segure, não ignore,
Deixa entrar em seu coração forte,
Verás que é vida e além da morte.

Transforma, conduz em luz, seduz,
Traduz o homem no madeiro da cruz.
O Senhor é Jesus.

PRECONCEITO E ÓDIO

A alma geme, treme o corpo, a dor,
Os olhos choram lágrimas quentes,
Escorrem pela face, banham o peito,
Soluços de agonia, gritos estridentes,
Amarguras pelo sofrer sem ser aceito,
Numa sociedade onde o crime é a cor.

A vida é vermelho-carmesim nas veias,
Em todos os homens não há distinção,
Ninguém é melhor ou pior sem o sangue,
A cor da pele não pode distinguir a razão,
Sois seres humanos irmãos, não gangue,
Deixe o ódio e o preconceito em cadeias.

Negros, brancos, amarelos, e índios,
A história nos conta grandes massacres.
As cores e raças escravas de latifúndios,
Todas tiveram e sofreram seus acres.

Mas vermelho é o sangue nos vasos,
Uma cor somente, que move as cores,
É a vida do espírito em todas as peles,
Preconceito e ódio, milênios de atrasos.

APENADO FUI AO ENCONTRAR-TE

O que fazes sem mim,
Que te sentes tão fria?
Por que me congelas assim,
Petrificando o meu coração?

Me enclausura na solidão do calabouço,
Me aplicando uma pena rigorosa,
Me matando a cada dia, vivo na agonia,
Por que castiga-me?

O que te fiz eu?
És porventura juíza de mim,
Sentenciando-me à morte lenta?
Apenado fui ao encontrar-te.

Pois pôs-me mordaças e vendas,
Cegou-me e emudeceu-me,
Não mais falo a não ser comigo,
Nem vejo outra, senão a tua imagem.

Tu tinhas a constância de cercar-me
Quando buscava-me incessantemente,
Mas após conquistar-me deixou-me,
Me abandonando sem causa aparente.

Dalém das dores que sinto,
Está a paixão cega e inconveniente,
Que me salta largo e amargamente,
Consumindo os meus sentidos.

JESUS A FONTE DE VIDA ETERNA

Olho para o horizonte, vejo as maravilhas de Deus, sinto em meu coração a grandeza da criação Divina. O Senhor Jesus Cristo é tudo em nós, nos alegra e nos consola. Sentimo-nos esperançosos em vê-Lo um dia na glória de Deus. A ponte que liga ao céu, a verdadeira justiça é o Senhor, quando buscamos com sinceridade nós nos encontramos com Ele. Nunca nos deixará sós, estará sempre ao nosso lado, nos guiando rumo à salvação eterna. Ele nos fortalece, colhe as nossas lágrimas quando choramos, quando estamos angustiados e desconsolados, encontramos refúgio Nele. A paz que nos abranda o coração, a confiança e a calma, o puro amor que nos enche a alma de vida. Sem Ele não podemos nada, somos ovelhas desgarradas sem um pastor. A vida está Nele, a fonte de água viva que jorra pela eternidade, a luz que nos ilumina todos os caminhos, o alimento sólido para a saúde de todo o espírito e alma, a cura para todos os males da humanidade, o Senhor e verdadeiro pastor que deu a vida pelas ovelhas, que se sacrificou por amor a nós para que Nele encontremos a libertação do mundo e alcancemos a abundante vida que Nele há. A vida eterna. Amém!

CAMINHO NO HORIZONTE

No infinito está a luz que você procura,
Não basta gritar, correr, bater, chorar,
Tem que ter paciência e se humilhar,
E brilhará em você essa luz mais pura.

Vê com teus olhos o que te entristece,
A fraqueza do corpo que te fortalece,
A pobreza de espírito que te enriquece,
A frieza vivida que a tua alma aquece.

Sem essa luz tua esperança perece,
Mas por ela acontecem os teus sonhos,
E receberá mais, além do que merece,
E desprezará os sentimentos medonhos.

Pois a luz é o caminho no horizonte,
Quando reina na alma e no coração,
Ilumina o homem e o guia à fonte,
Da sabedoria que o leva ao perdão.

NADA É VAZIO

Me sinto tão cercado, vejo-me tão apertado, comprimido pelos meus atos, mas aliviado pelas minhas escolhas. Iluminado em meus caminhos, confiante no que almejo e espero alcançar. Sei que riquezas desta vida, deste mundo material não quero, a não ser as celestiais, os dons aprazíveis do Espírito Santo, o que vem do céu, do Trono da glória de Deus. Quero a verdadeira caridade, o verdadeiro dom inefável, inigualável, o amor sem barreiras, com sinceridade, a dádiva da vida. Quero entender a essência disto, quero sentir e exprimir, quero morrer em mim e viver Nele, quero amá-Lo até o fim. Quero ser levado a uma experiência além da que os meus olhos possam ver, além da que os meus sentidos perscrutem, busco a imensidão da luz, um encontro fiel com o Senhor Jesus. Olho para o firmamento, não vejo nada além de nuvens feito uma camada de gases tão longe no horizonte, ou que aos olhos parece tão perto sobre os montes. Mas sei que nada é vazio, sei que há vidas no invisível, sei que o que imaginamos abstrato têm formas. E um dia se manifestará concreto a todos os olhos dos viventes.

TE AMAR POR TODA A MINHA VIDA

Eu propus te amar por toda a minha vida, de uma maneira inusitada Deus entrelaçou-nos, unindo-nos tão maravilhosamente na comunhão. Procurei e encontrei em ti a razão de viver. Você preencheu o vazio que havia em mim, me devolvendo o desejo de amar de novo. Me fez recuperar a autoestima, sorrir com frequência. Devolveu o brilho aos meus olhos, de maneira que eles se alegram constantemente. Me sinto em paz contigo, me abrigou em teu coração. Me colocou sob os teus cuidados, e as tuas mãos estão sobre mim diligentemente. A forma como me acolhe, traz inveja à galinha e seus pintinhos, como me protege, se assimila à leoa para com os seus filhotes. O teu amor é a fonte que me alimenta a alma, os teus favores me dão a confiança e a sustentação de uma coluna forte e inabalável. E eu confesso a minha gratidão, e alargo o meu coração para que entres e, a minha vida te sustente e te conforte e a ti seja dado pleno reconhecimento que você é muito mais além que a mulher, a qual deveras eu busquei detalhadamente em meus pensamentos.

DA ÁGUA E DO ESPÍRITO

Às vezes fico a pensar,
Nas dificuldades desta vida,
Os males que enfrentamos,
Os labores que travamos,
O suor que derramamos.

O pão que comemos,
Os bens que temos,
As viagens que fazemos,
Mas nem sempre,
Nem sempre nos alegramos.

As vaidades que somos,
Quão complexos nos tornamos,
Como a um e outro vemos,
Se a felicidade não sentimos,
Se riqueza ou pobreza temos.

Pois a riqueza tem overdose,
Os necessitados também têm,
O suicídio acomete o pobre,
À riqueza acomete também,
Os abastados ficam depressivos,
Ficam depressivos os pobres também.

De que valemos?
Onde a felicidade encontramos?
No emocional que controlamos.
No equilíbrio que criamos,
Na simplicidade quando sorrimos.

Quando a nós mesmos,
Não exaltamos, nem nos elevamos.
Quando em tudo graças damos,
E de ser humanos não deixamos,
Então de dentro de nós nascemos.
E humildemente nós crescemos.

A VISÃO DUM SONHO

Foi-me dada a visão: uma estrada longa cheia de pedregullhos, que ia ficando cada vez mais intransitável por causa das grandes valas e pedras que iam surgindo. E a estrada já não era mais porque o seu pavimento todo se afundara, e de repente vi um riacho que descia com as suas águas que iam em direção a um grande rio que estava secando, e eram muitas águas, e o grande rio esperava ansioso. E as águas passavam por longos tubos rochosos que o leito do riacho formava a caminho do grande rio. E fiquei encantado com tudo, mas quando estavam tão próximas, antes que as águas chegassem ao grande rio que estava secando, elas desapareceram, e eu apenas via as formações rochosas do leito do riacho por onde corriam aquelas águas. E fiquei atordoado porque não entendia, porque o grande rio que estava secando possuía outros afluentes, contudo as suas águas não eram suficientes, e o grande rio clamava porque as suas vidas estavam morrendo, e ele precisava das águas daquele riacho para sobreviver e continuar chegando ao mar. Então fiquei triste porque contemplava o desespero daquele grande rio que se secava e as suas vidas morriam. E foi por um tempo angustiante para o grande rio, e eu ainda via o riacho seco com as suas formações rochosas. E dentro de um espaço de tempo ouvi um bramido, como um som de um turbilhão de muitas águas que desciam violentamente e me assustei e temi. Porque via a angústia do grande rio que se secava e a esperança dele eram as águas que desciam do riacho e, se mais uma vez elas desaparecessem, ele pereceria de vez. Ao final daquela visão as águas chegaram, e vi que eram diferentes, que vidas davam abundantemente, e o grande rio encheu-se, transbordou-se, e as suas vidas não morriam mais, e foi e as levou de encontro ao mar, e o mar as recebeu.

ADORAÇÃO

Cada vez que a Deus adoro,
Sinto imensa alegria na alma,
Me acelera o peito e choro,
Depois das lágrimas, a calma.

DESESPERANÇOSO E AFLITO

Aborrecido me inclinei,
Aos pés do Rei da vida,
Com sinceridade me humilhei,
Suplicando-lhe guarida.

Pois tão perdido eu andei,
Sem amor, neste mundo,
Noutros cantos não encontrei,
Quem me desse valor profundo.

Eu amei de forma errada,
Acreditando nas aparências,
Foi tudo uma enxurrada,
De ilusões e más influências.

Me diziam há paz, há paz!
Contudo não a encontrava,
Só um vazio que não se satisfaz,
E recorrente a ele eu voltava.

Estive no fundo do poço,
Onde forças não haviam,
E em um último esforço,
Os meus olhos a luz viram.

E diante dele confessei,
Entregando o meu coração,
E a minha alma derramei,
Na esperança do perdão.

LEVANDO METADE DE MIM

Eu não quero te ver partir,
Saindo assim fortalecida,
Levando parte de mim,
Viverá noutro amanhã outra vida.

Sem você, minha outra parte,
A cada dia morrerá comigo,
Se sem você o meu viver é arte,
Devolva a vida que me deu abrigo.

Mas se assim não se importa,
A leve contigo em cativeiro,
Se o seu coração não a comporta,
Não a rejeites feito a um argueiro.

O que há de você em mim agora,
As marcas, os sonhos, o domínio,
Um desejo de reconciliar que implora,
Não podem ser deixados em declínio.

Entretanto se deixar perecer,
Dentro de você minha metade de vida,
Morrerei lentamente em contrapartida,
Esperando em você reviver.

NUM DIA DE CÃO

Eu vi a rosa desabrochar no campo,
Pétalas vermelhas em um tenro botão,
Eu vi vermelho no coração do tempo,
O sangue que salta, não é a vida em vão.

Eu assisti a plateia eufórica,
Na antiga retórica da insatisfação,
Fugi da maldade na ansiedade,
Fui acovardado por ter comunhão.

Eu vi o brilho nos olhos do morto,
Seu corpo absorto e manietado,
Eram dentes na presa morta com gosto,
Uma artéria exposta e o couro escalvado.

Eu senti a dor daquele malogrado,
Ouvindo o seu clamor exagerado,
Sem defesa e abandonado,
Enfatizei a morte em seu cuidado.

Eu vi as pétalas da rosa caírem ao chão,
Secas-mortas, não mais crescerão,
A cor é vermelha, não é o sangue em vão.
Uma vida a presa, um algoz sem razão.

Eu travei uma guerra num dia de cão,
Abati um algoz, entoei uma canção,
Salvei uma presa, matei um leão,
A rosa é vermelha, não é o sangue em vão.

SEM SAÍDA

Onde estavas que nem me viu, nem me abraçou, nem me sentiu, me ignorou. Os meus lábios não beijou, também a minha face não tocou, nem acariciou. O que te faz ensoberbecer tanto? Há uma mesa cheia de oferendas, há um banquete para todos os desejos, há corações perversos, há janelas de escuridão. Existem caminhos distantes onde os meus braços não alcançarão e os teus pés jamais deixarão o rastro das tuas pegadas. Em meio ao nada, lancei as sementes, um manjar não provarei até que germinem; li os teus olhos, não vi brilho, não há inocência, comeste do banquete, sujaste as tuas vestes, aceitaste as oferendas, estás na prisão voluntária do oculto. Um fruto atraente aos olhos viste, provaste do sabor absintio da traição. Elevaste os teus sentidos, perfumaste a tua alma com o incenso do engano. No meio do nada há uma terra fértil e nascerá uma vide, e os teus frutos crescerão saudáveis, e haverá um grande lagar, e o mosto fermentará. Provar-te-ás do vinho da verdade e se embriagará, e confessar-te-ás e tornar-te-ás ao primeiro amor.

ANA E SAMBA

Eu conheço uma menina,
O seu nome é Clara Ana,
Lindas flores de bonina,
Gosta muito de banana.

Sonha em ter um cãozinho,
Para se descolar de bamba,
Brincar, cuidar e ter carinho,
Dar-lhe o nome de Samba.

Pede ao pai como presente,
Espera paciente receber,
Um amigo pet tão carente,
Para os seus dias entreter.

O Teu nome bendirei,
Em Ti me alegrarei,
Tua Graça anunciarei.

Por tudo agradecerei.
Tuas bênçãos buscarei,
Com fervor Te louvarei.

Em Ti forças encontrei,
Para Te servir viverei,
Porque és o meu Deus e meu Rei.

POBRE FUNDAMENTO

A casa foi edificada toda bela,
Adornada com finos acabamentos,
Em seu interior à luz de vela,
Descansa em paz seus elementos.

A casa está vazia e sombria,
Não há hóspedes descentes,
Esta casa muito silêncio queria,
Mas à noite há vozes eloquentes.

A casa está se enlouquecendo,
Tem abrigado muitos dementes,
Adornada bela, mas morrendo,
A casa vive seus dias doentes.

Ela tem os seus parentes,
Seus pais estão preocupados,
Na edificação foram inconsequentes,
Todos adornos agora ameaçados.

Pelo fundamento que se fraquejou,
Onde não teve apoio e sustento,
A casa quase se desmoronou,
Ao enfrentar seu primeiro forte vento.

MEDO DE MIM

O que mais me resta é correr,
Fugir para bem longe de mim,
Para a minha derrota eu não ver.

O que eu não quero é sofrer,
Porque fujo é deste medo de mim,
Para não por muito a perder.

Se o meu medo é mesmo de mim,
Como poderei então me escapar?
Pois juntados nós estamos enfim.

Eu tenho é que o encarar em mente,
E batalhar com ele até o fim,
Antes que este medo me mate,
Ou para sempre eu o mate em mim.

INFELICIDELIDADE

O que eu procuro em você,
É difícil de encontrar e sentir,
É tão complicada a mercê,
Porque eu não posso mentir.

A nossa relação é uma façanha,
A todo tempo há desconfiança,
Há medo e muita barganha,
Por momentos de pouca bonança.

Eu preso nas minhas dúvidas,
Você com as suas artimanhas,
Eu alimentando outras vidas,
Você em outras vidas estranhas.

Tudo aparentemente correto,
Em um mundo de futuro incerto,
Dois corpos em um mesmo teto,
Num relacionamento dito aberto.

Um homem quer uma mulher,
Em um sentimento dividido,
Uma mulher também o quer,
Em um matrimônio perdido.

Duas árvores que se murcham,

Com os seus caules feridos,

Duas raízes que se arrancam,

Vendo os seus troncos caídos.

SONHOS MORTOS

Ele sonhava com pessoas mortas,

Elas eram bem vivas em seus sonhos,

Estavam sempre lá em suas portas,

Em suas casas eram espíritos risonhos.

Ele não entendia por que sonhava,

Com o pai dele e a mãe dum amigo,

Sonhos sem sentidos o intrigava,

Entes conhecidos, vivia um castigo.

Mortos, mas vivos em seus sonhos,

Misteriosos, apenas estavam lá,

Sonhos mortos um tanto estranhos,

Será que eles exprimem algo? Oxalá!

BOCA DE TOLO

A valia dum olho na terra de cego,
Já diz claramente o velho ditado.
O que vale a língua na boca tola,
Dum homem insensato? Coitado!

GEMIDOS

Em todo dente que dói,
Em uma dor que corrói.
Na ponta dos dedos,
Confessando os segredos
Da alma numa agulha,
Quando o corpo esbulhado
Tem arrancado uma unha.
Quando se esfria a carne
Não mais corre o sangue,
E a língua infame penetra na dor,
Dos olhos apagados: o torturador.

TEMPOS PERDIDOS

Uma coisa farei, para bem longe irei,
Fugirei do passado que me entristece,
De coragem meu coração não carece,
Para encarar novos desafios que terei.

Cansado estou e acuado me vou,
Daqueles que me buscam ao longe,
Fraco estou e alvo fácil ainda sou,
O vulnerável costume me constrange.

Duma coisa eu sei, está tudo perdido,
Nada aqui conquistei pelo trabalho a fio,
Nem paz, nem amor, somente fui afligido,
Lembrar dos momentos me dá calafrio.

Às vezes choro pensando sozinho,
Por que fui desprovido de boa sorte,
Pessoas boas não tive no caminho,
Alguém que me indicasse um Norte.

Por isto agora fujo sem olhar para traz,
Para bem longe dos rostos fingidos,
Uma longa viagem farei, busco a paz,
Expectável é recuperar os anos perdidos.

ENCIUMADO

Me deixa na minha loucura, não vejo nada que me traga paz. Sua dura visão me impõe ilusões e as pedras nas suas mãos o meu pão, lançado no abismo do meu interior pela profecia da mentira não me sacia a fome. Quem dera não vissem um homem louco e faminto porque não tem paz, pois a sua paixão depositou numa virgem que com o seu amor o envenena com o furor de víboras-áspides. Não há antídoto que o salve, morrerá mil mortes antes apaixonado matando o próprio corpo desesperado. Ninguém firmará os sentidos nele e alucinado estará cego até que mine o sangue em seus poros, e o consuma a peçonha por inteiro. Desviem os vossos caminhos dele.

ILUSÃO DE AMOR

O meu amor nunca diz que me ama,
Mas adora me levar para cama,
Me envolver e se alegrar comigo,
Como não tenho forças, corro perigo.

Porque declaro sempre amá-la,
E ela nunca muda a sua fala,
Insistindo em me deixar iludido,
Que me ama e é um bom partido.

O meu amor brinca de me amar,
Mas não sabe aonde isto vai dar,
Se desiludido eu um dia despertar.

Pois somente soube me entregar,
Sem medir esforços com atitude,
Mas não me leva a sério, me ilude,
Cegando-me com beijos de matar.

O meu amor não quer que eu mude,
Pelo enganar e amar me confunde,
Complicando o meu coração inocente,
Sem saber se sou eu, ou o seu amante.

A MESMA MÃO QUE AFAGA É ÁSPERA

A mesma mão que afaga é áspera,
A mesma fonte doce se fez amarga,
O veludo perdeu o toque da maciez.

Amoroso coração que se empederniu.
Como era lindo vê-la dormindo serena,
Em meus braços igual a uma criança,
Daquelas que ainda fazem uso do peito.

Mas depois de um tempo se acabou,
Logo a dureza no trato se instalou,
A mão carinhosa de um todo partiu,
E a aspereza em tudo então surgiu,
Na mão aveludada que a maciez perdeu,
Trazendo um amargo que nunca se viu.

LÁGRIMAS DE UM AMOR LIBERTO

Em gotas de lágrimas me tornei,
Neste meu triste choro que enfada,
Por que ousa me maltratar amada?

Por que o amor para mim chegou,
Levando o meu opróbrio para longe?
E eu somente umas lágrimas sou.

Que em seu choro me encontrou,
Apascentado, escorrido e liberto,
De afrontas não mais sou coberto.

Enxugado, fortalecido e exaltado,
Amada, admire e odeie o meu fado,
Nesse seu choro de contínuo enfado.

Deixe cair e secar as que restam,
Dos teus olhos que o amor foi tirado.
Sem mim essas que nada mais prestam.

Índice

Printed by Books on Demand GmbH, Norderstedt / Germany